KB044349

생명은 밝은 데서 성장한다

불광출판부

생명은 밝은 데서 성장한다

생명은 밝은 데서 성장한다

생명은 밝은 데서 성장한다. 인간은 밝은 사상에서 발전이 있다. 우리의 본면목이 원래로 밝은 생명이기에…. 어둠을 찢고 솟아오르는 찬란한 아침 해를 보라. 거침없는 시원스러움이, 넘쳐나는 활기가, 모두를 밝히고, 키우고, 따뜻이 감싸주는 너그러움이 거기 있다.

이 하루를 결코 성내지 않고, 우울하지 않고, 머뭇대지 않고, 밝게 웃으며, 희망을 향하여 억척스럽게 내어딛는 슬기로운 삶으로 만들자. 빛을 향하는 곳에 행운이 있다. 성공이 온다.

언제나 찬탄과 기쁨을 말하자

오늘 우리는 몇 번 남을 칭찬하였던가. 오늘 우리는 몇 번 남의 허물을 말하였던가. 칭찬하면 태양이 나의 주위에서 빛나고, 비방하면 어둠이 나를 감고 돌아간다. 칭찬하는 마음에는 천국이 열려가고, 비방하는 발길에는 가시덤불 엉기나니…. 입은 진실과 광명을 토하는 문이다. 언제나 찬탄과 기쁨을 말하도록 하자.

우울해지면 웃음을 터뜨리자

쾌활은 빛이고 우울은 어둠이다. 쾌활과 우울은 공존하지 못한다. 쾌활해지면 우울이 사라지고, 우울해지면 쾌활이 사라진다. 쾌활하게 살자. 크게 웃고 살자. 우울해지면 웃음을 터뜨리자. 마음이 밝을 때 건강과 행운이 오는 법이다.

밝은 사람은 언제나 환영 받는다

사람들 중에는 말과 표정과 몸가짐 전체로, 밝게 빛나는 사람이 있다. 이런 사람은 어디를 가나 환영받는다. 설사 초청받지 않은 자리라도 마치 겨울의 햇빛처럼 누구에게나 환영받는다. 초청받은 사람이라도 마음이 어두운 사람은 언젠가는 사람들이 싫어한다. 사람이 우울한 것을 싫어하기 때문이다. 마음이 밝은 사람에게는 행운이 따라붙고 어두운 사람에게는 불운이 따라붙는다.

생각은 사람의 용모 위에 재주를 부린다

나는 불행하다고 생각하였을 때 불행한 일은 찾아든다. 그러니 결코 근심스러운 표정이나 성난 표정은 하지 말아야 한다. 생각은 하나의 조각가와도 같다. 사람의 용모 위에 재주를 부린다. 사람을 미워하면 주름살을 나타내고, 슬퍼하면 얼굴 위에 슬픔을 그려낸다. 용모가 어두울 때 어두운 운명이 오는 법이다. 마땅히 모든 근심 걱정 털어버리고, 밝은 행복을 생각할 것이다. 평화롭고 만족스런 표정, 희망에 넘치는 미소는 그 사람에게 영원한 젊음과 아름다움을 나타낸다.

고난과 불행은 영원하지 않다

우리 앞에 운명처럼 밀려드는 고뇌, 그것은 우리가 과거세에 익혀온 그릇된 생각들이 풀려나오는 것이다. 생명은 육체가 아니며 세계는 물질의 법칙이 아닌 것을, 잘못 알고 행동한 과거 생각들의 축적이다. 스크린에 나타나며 사라지는 필름의 영상과 같이 그것은 사라지는 과정으로 나타난 것이니 고뇌를 생각에 두지 말고 두려워 말자. 그것은 실로는 환영인 것이다.

참회는 망념을 정화하는 최상의 영약이다

원래로 보름달과 같이 원만한 우리 마음인데 이를 가로막는 것은 감정의 구름덩어리다. 원래로 행복한 우리 인생인데 불행하게 만든 것은 번뇌 망상이다. 원망, 질투, 시기, 분노, 복수심, 슬픔, 삿된 욕망, 쓸쓸한 생각, 또는 무거운 죄의식, 이런 것들이 우리의 밝은 마음을 흐리게 한다. 흐린 마음, 어두운 마음에서 불행과 병고가 생긴다.

그러므로 우리는 항상 밝고 맑은 마음이어야 하고, 결코 남을 미워하거나 원망하여서는 아니 된다. 어두운 망상이 나면 털어버리고 나쁜 마음이 들면 참회하여 맑혀야 한다. 참회는 망념을 정화하는 최상의 영약이다.

발전하는 사람의 생각

발전하고 성장하는 사람은 어딘가 다르다. 일에 대해 대처하는 근본적 사고방식이 다르고 인생을 대하는 정신자세가 다른 것이다. 그래서 생각하는 것이 발전적·성공적·적극적이 되고, 결국 그와 그의 사회에 발전을 가져온다. 발전하고 성장하는 사람은 하루하루 자기가 성장하고 발전하는 날이라고 생각한다.

그리고 자신이 당하는 모든 일을 자신을 계발하는 기회로 삼는다. 일을 처리할 때 선입견이나 상식적 견해에 빠지지 않고 항상 새로운 관점에서 보며 일의 밝은 면, 긍정적·적극적인 면을 본다.

밝게 웃는 데서 성취가 온다

우선 웃고 볼 일이다. 인간의 생명이 원래가 밝은 것이다. 생명의 원 모습인 불성이 태양처럼 밝은 것이기에 당연히 밝게 웃어야 한다. 밝게 웃고 생각하며 말하는 데서 매사에 성취가 온다. 사람과의 관계는 봄볕처럼 따뜻하고 화목하게 되며, 나를 둘러싼 모든 환경이 거슬림 없이 하나로 통해진다.

기회 있을 때마다 기쁜 것을 생각하고 사람과 얘기할 때도 즐겁게 웃으면서 말하자. 웃을 때 기쁨이 나고 마음이 밝아지는 것이다. 기쁘고 마음이 밝을 때 병은 낫는다. 생명 속에 억압되어 있었던 건강한 힘이 솟아나온다. 하루에 몇 번씩 웃어볼 일이다.

밝은 운명을 맞아들이는 기술

마음에서 기쁘게 생각하고 기쁜 웃음을 터뜨리고 기쁜 표정을 하고 미소를 얼굴에 가득 담는 습관을 갖는다는 것은 어두운 환경에서 벗어나고 밝은 운명을 맞아들이는 기술이다. 사람과 얘기할 때도 기쁘게 생각하고 말하며, 기회 있을 때마다 즐겁게 웃자. 이렇게 할 때 성격이 바뀌고 건강해지며 운명이 바뀐다.

크게 웃자

웃음은 밝은 광명을 품어 온다. 생각해 보면 웃음만큼 우리의 생활을 맑고 윤택하게 하는 것도 없다. 웃음은 가슴에서 어둠을 몰아내고, 우울을 몰아내고, 침침한 슬픔을 몰아내고, 거친 공포를 몰아낸다. 우리 서로의 마음속 벽을 허물어 버리고, 가슴과 가슴을 통하게 하고, 서로의 마음을 흐르게 하며, 우리 생명 깊이에 너울치는 무한 공덕의 태양이 솟구쳐 행복이 오고 운명이 밝게 바뀌는 것이다. 크게 웃자.

꿈을 이루는 원동력

꿈을 갖자. 깊은 신념으로 가졌던 꿈은 대지에 심어놓은 종자와 같아서 봄날 종자가 싹을 틔우고 뿌리에 새 힘이 솟아오르고 마침내 가을에 알찬 결실을 맺듯이 차차 현실화된다. 꿈을 이루게 하는 원동력이 무엇인가 하면 잠재의식이라고 하는 마음밭 속에 풍부하게 갖추어져 있는 양분과 힘이다. 꿈, 마음에 그리는 것은 다 이루어지게 되어 있다. 마음속에 굳게 생각하고 확신을 가지고 행동하고 말하는 것은 반드시 실현된다는 사실을 믿고 꿈을 크게 갖자.

고난과 성공을 좌우하는 것

같은 일에 대해서도 이것을 고난으로 받아들일 것인지, 혹은 희망으로 받아들일 것인지는 그 사람의 마음에 달려 있다. 그러나 그 결과는 그 일을 통해서 그 사람이 향상할 수도 실패의 구렁에 빠질 수도 있는 것이다. 참으로 마음의 법칙을 알고 있으면 고난이 고난이 아니게 되며, 고난이 전진을 위한 발돋움이 되어 겉보기에는 고난이라도 그 속에서 희망과 성공의 길을 발견한다.

마음에 그린 것은 현실로 나타난다

마음에 그린 것은 현실로 나타난다. 항상 마음에 번영과 발전을 그리고 하루하루 번영과 발전이 구체적으로 다가오는 것을 생각한다. 그리고 진지한 마음으로 감사하고 기도하며, 반드시 이루어지는 것을 깊이 믿자. 믿는 대로 반드시 이루어진다. 땅에 뿌려진 종자는 물과 햇빛을 만나면 이윽고 싹이 트고 성장하듯이 기도도 게으르지 않고 계속하면 마침내 이루어진다. 스스로 한계를 그어놓고 조바심을 내어 중단하지 말자.

인생의 젊음과 매력

평화한 마음, 자비한 마음은 인생의 늙음을 멈추게 한다. 반대로 따뜻한 사랑을 잃었을 때 사람은 급격히 늙어간다. 사람의 가슴에서 사랑의 감정이 식어갈 때 몸도 마음도 식어간다. 아름다워지고자 하면 생각하는 것이 아름다워야 한다. 미워하고 원망하고 또는 슬퍼한다면 아무리 타고난 용모가 아름답더라도 그 살결, 그 표정에서 추한 그림자를 나투어 간다. 따뜻한 마음, 평화한 마음, 사랑하는 마음, 자비한 마음이 참으로 인생의 젊음과 매력을 길러 준다.

아낌없이 베풀라

보시를 하고 베풀어 준다는 것은 내 마음의 문을 여는 것이다. 자신이 가지고 있는 것을 놓아 버림으로써 마음의 문이 활짝 열리는 것이다. 그러므로 보시를 행함에 있어서는 집착이 없어야 한다. 아낌없이 베풀어야 한다. 준다는 생각이 없어야 한다. 마음의 문을 열되 조건을 붙여서 어느 한계를 두고 연다면 참으로 문을 여는 것이 아니다. 그만큼 닫혀 있는 것이다. 아낌없이 베풀어 주고 상(相)이 없이 보시를 하고 보답을 바라지 아니 하는 보시를 행할 때 마음의 문은 활짝 열리고 무한공덕은 막힘없이 흘러오는 것이다.

있는 대로 힘껏 내어 쓰자

우리의 생명 속에 들어 있는 힘과 지혜와 자비는 언제나 새롭게 자기의 전개를 요구한다. 있는 대로 힘껏 내어 쓰고 그 질서대로 아름답게 모두를 발휘할 때 우리는 생명의 충족감을 느끼고, 다시 다음날에 새로운 창조를 가져오게 한다. 만약 하루하루의 진보에 대해서 이를 받아들이기를 거부하는 마음자세, 묵은 것에 대한 집착은 바로 새 것이 오는 것을 막는 것이 된다.

우리의 본성은 바다와도 같은 부처님의 공덕바다와 통해 있기 때문에 그와 통하는 생명의 파이프를 막지 않고 또한 막히지 않게 하고 속에 때 끼지 않게 해둘 때 거기에는 끊임없이 새로운 부처님의 공덕이 흘러 들어오고 새로운 생명력이 충만한 모양으로 우리 앞에 다가선다.

용모는 투명한 포장지이다

우리의 용모는 중요하다. 용모는 말없는 가운데서 주변에 많은 것을 뿌려주고 또한 많은 것을 거둬들이게도 하고, 말없이 숱한 의미의 말을 만인에게 풍긴다. 그런데 도대체 용모란 무엇인가. 용모란 과거와 현재의 그 사람이 행동하고 생각해 온 것을 포장한 인생꾸러미다. 그 인생꾸러미를 포장한 포장지는 투명해서 포장지 위에 그 내용물을 잘 나타낸다.

용모는 고정된 것이 아니다

인간의 용모는 그가 가지고 있는 생각을 나타내고 그의 깊은 마음 상태를 나타낸다. 용모는 고정된 것이 아니다. 마음먹기에 따라서 바뀌는 것이고 바꿀 수 있는 것이다. 항상 밝고 너그럽고 청정한 자비를 잃지 않을 일이다. 태양과 같이 밝은 마음으로 미소를 잃지 않는 습관이 나의 용모에 아름다움을 새겨준다.

친구를 보면 그 사람을 알 수 있다

자신이 어떤 사람인가를 알고자 하면 자신의 둘레에 있는 사람들을 살펴보면 될 것이다. 유유상종이라는 말이 있듯이 사람도 끼리끼리 모인다. 마음이 깨끗한 사람에게는 깨끗한 사람이 모이고, 욕심 많은 사람에게는 그런 사람들이 모여 시기하며 살고, 그들이 내게 보이는 행동 그대로가 내가 그들에게 한 행동이다. 친구를 보면 그 사람을 알 수 있다고 하지 않는가.

인생의 단풍

항상 착하고 아름다운 생각과 감정을 마음에 품고 있으면 우리의 육체는 아름답고 건강하게 될 것이고, 항상 다른 사람을 미워하든지 원망하든지 나쁜 점에만 눈초리를 돌리든지 또는 지나친 지레짐작으로 고생을 사든지 하면 그 사람에게는 어쩔 수 없이 쇠퇴의 그림자가 찾아들고 인생의 단풍을 그 몸에 걸치게 된다.

사업가의 마음가짐

화합, 번영, 발전을 생각하는 사람의 사업과 암담한 경기 전망, 각박한 경제 사정, 도산의 위험 등을 예상하는 사람과는 그 사업이 가지는 표정이 근본적으로 다르다. 일신의 건강만이 아니다. 사업 또는 모든 환경이 매한가지이다. 모름지기 긍정과 밝음, 적극과 자애로 그 마음을 가득 채워야 하겠다.

항상 긍정을 말하고 희망을 말하자

진실한 불자는 사람을 대하되 그 사람의 장점을 말한다. 그 삶의 빛나는 과거 업적을 말한다. 그것은 현상에 걸리지 않는 그 사람의 내면인격을 믿고 하는 말이다. 다른 사람의 단점이 보인다는 것은 내 눈이 가린 탓이며 내 마음에 나타난 단점이다. 실로는 그 사람의 단점일 수 없다.

불자는 언제나 희망을 말하고 긍정적인 말을 한다. 부정적인 말, 소극적인 말을 하지 않는다. 성공을 말하고 결코 실패를 말하지 않는다. 적극을 말하고 소극을 말하지 않는다. 이것이 진실한 말이다. 왜냐하면 모든 사람의 생명이 불성이며, 모든 사람의 진면목이 부처님의 무량공덕의 표현이기 때문에 거기에는 성공과 희망과 긍정과 성취와 환희와 영광이 있을 따름이기 때문이다.

찬탄은 아름다운 낙원을 만든다

사람을 대할 때 우선 그를 공경하고 찬탄하는 것, 단점을 보지 않고 장점을 발견하도록 노력하는 것이 불자의 자세이다. 다른 사람의 단점을 많이 발견하고 비판하는 것이 옳은 듯하지만 그 지혜는 위험한 지혜이다. 모든 생명은 부처님 공덕을 타고나서 그가 활동하고 있는 것일진대 우리는 모름지기 이 사람의 신성과 존엄을 믿어야 할 것이다.

찬탄에서 가정이 단란하고, 찬탄에서 가정이 번성하고, 찬탄에서 형제가 화목하고, 찬탄에서 친구가 다정하고, 찬탄에서 직장이 단결하며, 찬탄에서 평화와 행복이 온 누리에 깔리는 것이다. 찬탄이야말로 우리의 환경을 아름다운 낙원으로 만드는 관건이라 할 것이다.

찬탄하는 데서 능력의 문이 열린다

참으로 지혜 있고 눈 밝은 사람이라면 사람의 높은 인격과 착한 점과 탁월한 능력을 인정하고 발견하고 찬탄하고 대우해 주어야 하는 것이다. 겉모양에 눈 팔지 않고 참으로 있는 사람의 신성과 존엄을 긍정하는 것이다. 찬탄은 사람마다 갖추고 있는 부처님 공덕을 긍정하는 것이기 때문에 찬탄하는 데서 능력의 문이 열리는 것이다. 찬탄이야말로 지혜스러워지고 덕스러워지며 건강해지며 유능해진다.

상대방을 인정해줄 때 협력자가 된다

우리가 그 사람을 사랑하고 있을 때, 그 사람을 존경하고 있을 때, 그 사람을 너그러이 이해해 줄 때, 그 사람의 인격을 인정해 줄 때, 그 사람을 칭찬할 때, 그 사람의 협력자가 될 때, 그 사람의 편이 될 때, 그 사람을 중요시 할 때, 그 사람을 신뢰할 때, 그 사람에게 마음을 열어 화평할 때, 그 사람에게 감사할 때, 그 사람의 은혜를 알아줄 때, 그 사람을 소중히 할 때, 그 사람의 뜻에 따라줄 때, 그 사람의 인격과 능력을 높여줄 때, 그 사람은 우리의 협력자가 된다.

사람을 진정으로 사랑하지 않고 일시적 협동자나 이용관계로 알 때 또는 그의 인격이나 능력을 인정하지 않거나 그의 존재를 무시할 때는 결코 평범한 관계조차 유지하지 못한다.

성격 개조법

매일 매일을 진보하고 향상하는 날로 만들고 자기의 미흡한 성격을 개조해 나가자면 아침마다 또는 틈틈이 기도하는 것을 잊지 말아야 한다.

"나는 불성이다. 무량한 공덕과 행복의 창고다. 염불과 함께 부처님의 무량공덕은 나의 생명 속에 팽팽히 채워지고 더욱 넘쳐난다. 나에게 부처님의 원만 조화된 위신력이 흐르고 있다. 무한 가능의 생명력이 맥박에 넘쳐온다. 나는 성공한다. 나는 향상한다. 나는 행복하다. 감사하다."

이렇게 기도할 때 성격은 밝고 적극적이며 긍정적으로 바뀌고 활동력은 확대되고 소망은 소리 없이 하나하나 이루어진다. 불신력(佛身力)이 현상화하기 때문이다. 착실히 기도하자.

고통 속에서 새로운 지혜를 얻는다

비록 인생이 고(苦)라 하더라도 그것이 아주 무의미한 것은 아니다. 우리가 인간으로 태어난 원인이 미혹과 집착이고 그 결과가 고이기에 인생은 고일 수밖에 없다. 그러나 이미 괴로운 인생을 태어났을 바에는 그 의의를 알고 살아가야 한다.

첫째로 고통스런 일을 당한다는 것은 과거에 지은 고의 원인이 해소되는 과정임을 알아야 한다.

둘째로 괴로운 인생을 살아가면서도 고를 회피하려 하거나 낙을 집착하려 하지 않고 밝은 자성공덕을 닦아간다면 참된 자기생명을 생장시키고 영적인 광명을 더하여 보다 높은 자기 신성을 개현하는 계기가 된다. 또한 지상의 인간이 아니면 체험할 수 없는 여러 가지 사태를 당함으로써 새로운 경험을 쌓고 자기 해방에 필요한 새로운 지혜와 힘을 얻게 되는 것이다.

능력은 쓸수록 커진다

사람은 누구나 자기 안에 무한 가능성이 있다. 이것을 굳게 믿자. 능력은 쓸수록 더욱 커진다. 반복해서 쓸수록 그 사람의 능력은 향상되고 풍부해지는 것이다. 게으르고 쓰지 않으면 그만큼 쇠퇴한다.

능력은 스스로 자신을 가질 때 일정한 방향으로 더욱 성장한다. 할 수 있다는 확신, 자신, 그것이 할 수 있는 능력을 끌어내는 것이다. 자기가 하기 싫은 일, 실패의 경험이 있는 일을 당했을 때는 이 때야말로 이 일을 극복할 수 있는 절호의 기회다 하고 적극적으로 맞붙는다. 거기에서 또 하나의 능력이 열리고 그를 이겨낸 승리의 업적이 당신에게 채워질 것이다.

마음의 문을 활짝 열자

인간은 누구나 자신 속에 진리를 품고 태어난다. 지혜의 눈에는 인간은 오직 진리일 따름이다. 한량없는 지혜와 덕스러움과 창조의 힘을 지니고 있다. 우리 안에는 현재의 자신보다 더욱 완전하게 더욱 원만하게 향상시킬 능력이 깃들어 있다. 이 능력은 내어 쓰면 쓸수록 새로운 힘이 나타나는 것은 샘물을 퍼 올리는 것과 같다. 능력은 계발할수록 더욱 성장하고 자비로운 덕성은 닦을수록 더욱 빛을 발하는 것이다. 바른 믿음으로 마음의 문을 활짝 열 때 진리의 힘은 거침없이 흘러나온다.

종자를 뿌리는 사람

우리의 현재의식은 종자를 뿌리는 사람이고 잠재의식은 밭과 같다. 밭이라는 잠재의식은 현재의식이 요청하고 명령한 대로 실현하는데 이것이 마음의 창조법칙이며 잠재의식의 창조 작용이다. 마음에 그린 것은 그대로 실현된다. 믿는 대로 이루어진다.

마음이 바뀌면 운명이 바뀐다

우리의 운명이란 지나간 동안 우리 생각의 축적이다. 그러므
로 우리는 언제나 자신의 운명을 만들고 있으며, 자신의 운명
을 바꿀 수 있는 것이다. 마음이 바뀌면 운명이 바뀌는 것이
다. 밝은 마음에서 밝은 운명이 오고 어두운 마음은 어두운
운명을 불러들인다. 너그러운 마음이 윤택한 인생을 만들어
가고 협소한 마음은 구차한 인생을 만들어 간다.

밝은 삶을 위하여

밝고 따뜻하고, 기쁜 마음으로 사는 사람에게 밝고 따뜻한 환경은 찾아오고, 기쁜 벗들과 함께 있게 된다. 우리가 이웃에게 밝고 자비한 마음을 보내면 그 마음은 우리에게 돌아와 우리 생활이 밝을 것이다.

그러나 미워하거나 거친 마음, 또는 인색한 마음을 품고 이웃을 대할 때 우리 환경이 어둡고 거친 것은 당연하다. 우리 마음에 지금 무엇이 있는가, 무엇을 생각하고 있는가에 따라 자기 환경이 만들어지는 것이다. 밝고 너그럽고 맑고 따뜻하고 지혜와 자비, 생동감 넘쳐나는 마음자세가 우리의 환경, 우리의 운명을 밝게 만들어가는 것이다.

날마다 좋은 날이다

좋은 날이 따로 없다. 밝은 신념을 가지고 결행하는 날이 좋은 날이다. 내일을 말하지 말자. 내일을 말하는 자에게는 또다시 내일이 기다리고 있으니 빛나는 날은 영영 잃고 마는 것이다.

불자는 찬란한 자성생명으로 산다

우리의 참 생명인 자성은 태양보다 밝고 허공보다 넓으며 바다보다 깊고 온갖 원만한 능력과 덕성이 가득 넘친다. 그러므로 불성인 자성을 보는 불자는 언제나 불심으로 살고 찬란한 자성생명으로 산다. 언제나 기쁨과 희망과 용기와 성공만을 생각하고 말하는 것이다. 불쾌했던 과거의 기억들은 모두 몰아낸다. 슬픈 연상이나 우울한 기억들은 남겨두지 않는다. 그리고 오직 태양보다 밝은 찬란한 내 생명의 환희만을 생각하고 노래한다.

나타나면 사라진다

우리가 생활상에 나타나는 현상들은 과거에 지은 원인이 해소되는 과정이다. 그러므로 나타나는 일에 대하여 그것이 비록 고통스러운 일이라 하더라도 '이것은 나타나면 사라지는 것이다' 라고 생각하여 너무 집착하지 않는 것이다. 오히려 '이제 재난의 업장이 소멸된다' 고 기뻐하여야 한다. 운명은 타인이 지은 것이 아니라 자기 스스로가 과거에 지은 것이다. 금생에 받음으로써 소멸되고, 금생에 진리적인 힘을 전개함으로써 새로운 운명이 열려가는 것이다.

말의 힘

우리가 쓰는 말은 단순한 성대의 진동이나 음파의 파장이 아니다. 실로 말은 놀라운 힘을 가지고 있는 것이다. 말에는 생명의 의지가 강한 힘으로 함축되어 있다. 말은 단순한 음성이 아니다. 그것은 우리의 마음속에 살아서 활동하며 우리의 생명을 조절하고 있는 깊은 마음의 활동이며 그의 울려남이다.

 말의 힘을 구사하여 우리의 운명을 만들어 내는 것이다. 말이 가지는 이와 같은 놀라운 힘을 우리는 등한시하기 쉽다. 그래서 말을 잘못해서 많은 고난도 부르고 실패도 부르며 이웃도 해친다. 항상 긍정적인 말, 적극적인 말, 성공을 부르는 말, 행복을 부르는 말은 우리를 행복하게 한다.

항상 성공을 생각하고 성취를 말하자

우리의 환경은 누가 만드는가. 그것은 우리의 마음이다. 우리의 마음이 생각과 말과 행동으로 행복도 만들어가고 불행을 부르기도 한다. 이 마음이 항상 생각하고 신념을 가지고 자주 말하는 것은 마침내 현실로 구체화한다. 생각이나 말에는 위대한 실현력이 있기 때문이다. 그러므로 우리는 말을 창조적으로 해야 한다. 생각하는 것, 말하는 것이 결코 어둡거나 악하거나 쇠퇴하는 것이어서는 아니 된다. 항상 성공을 생각하고 성취를 말하자.

이르는 곳마다 주인으로 일하라

임제 스님 말씀에 수처작주(隨處作主)라는 말씀이 있다. 이르는 곳마다 주체성을 살려서 자신이 주인공으로 임하라는 뜻이다. 그렇게 되면 하는 일마다 모두가 참되다. 무엇이든지 자기 일이라고 생각할 때 그 일에 열심히 임하는 법이다.

열심히 한다고 하는 것은 그 일을 대상으로 파악하지 아니하고 자기와 하나가 되는 것이다. 대상을 자기 가운데 하나로 만드는 데서 일의 능률도 창의성도 나타난다. 아무리 재미없는 일이라 하더라도 생각을 바꾸고 일하는 방법을 연구하며 일할 때 그가 일하는 직장이 빛나는 것이다. 이것이야말로 임제 스님이 말씀하신 주인공적인 생활방식이라 하겠다.

성공하는 사람

성공하는 사람은 고난을 회피하지 않는다. 책임을 남에게 돌리려고 하지도 않는다. 하잘 것 없는 오락으로 인생을 속이지도 않는다. 책을 읽어도 유익한 것을 읽고, 구경을 해도 예술 가치에 눈을 둔다. 사소한 일에 마음을 얽매이지도 않는다. 지난 일을 근심하거나 오지 않을 일을 미리 걱정하지도 않는다.

그는 시간이나 인생을 낭비하지 않는 것이다. 어려워보이는 일도 성큼 맡고 나선다. 매사 스스로 책임을 지고, 보다 큰 책임을 지고자 한다. 자신과 긍지로 싱싱하고 활달한 자기를 펴 나가는 것이다. 이 사람은 하루하루 전진한다. 자연스레 힘은 축적되고 주위의 신뢰는 더욱 두터워지며 환경은 그를 중심으로 움직여 간다. 이 사람은 성공한다.

고난 속에 길이 있다

고난이 우리를 절망에 빠뜨리지 못한다. 고난이 우리의 길을 끊는 것이 아니다. 어떠한 고난도 우리의 삶을 압도하지 못한다. 고난은 우리에게 수확을 요구하는 과제다. 거기서 나의 생각과 생활의 허점을 알게 하고 반성과 인내의 힘과 지혜를 배운다. 그리고 고난은 우리에게 새로운 차원에 이르게 하고 스스로는 마침내 사라진다. 고난은 우리에게 새로운 길을 열어주는 전주인 것이다. 고난을 주선한 분에게 진정 감사하고 용기를 내자.

영적 생명을 키우는 자양분

아무리 험난한 일을 당하더라도 실망할 것 없다. 우리의 일상 생활상에 나타나는 모든 환경은 좋든 나쁘든 나의 영적 생명을 키우는 자양분이라는 것을 알자. 우리에게 닥친 환경은 나의 진실생명의 성장을 위하여 마땅히 이수하여야 할 과제인 것을 알고 용기와 자신으로 지혜롭게 인생과제를 처리해가자. 고난이 나의 참 생명을 키운다는 것을 안다면 고난 앞에서 의연하게 웃고 감사하게 된다.

일하는 데 기쁨이 있다

일이란 생명의 자기표현이며 생명의 활동인 까닭에 생명을 구김 없이 마음껏 활동시킬 때 우리는 거기서 즐거움을 맛본다. 당연히 기쁠 수밖에 없는 것이다. 일은 남에게서 주어진 것, 명령된 것, 또는 피동적으로 마지못해 하는 것, 이런 식으로 생각하기 때문에 일이 괴롭다.

스스로 일에 맞붙고 스스로 적극적으로 일에 참가할 때 비록 육체적으로는 괴로움이 있다 하더라도 마음은 즐거움을 느끼는 것이다. 자발성이 있고 자주성이 충족될 때 일은 기쁘다. 마땅히 적극적으로 일에 참여하고 자발성, 자주성을 처처의 일에서 충만시켜야 할 것이다.

원인 없는 결과는 없다

만약 고독하고 쓸쓸한 환경에 둘러싸였다고 느껴지는 사람이 있다면 거기에는 이유가 있는 것이다. 현실적으로 그런 환경을 부르도록 마음을 쓰며 과거생으로부터 익혀온 마음 상태에 그러한 원인이 있는 것이다.

주는 자만이 받는다

만약 분별하고 이기적 타산으로 벽을 쌓고 그 사이에 싸늘한
계산과 무관심으로 지낸다면 자기 주변에는 찬바람이 불고
황무지에 던져진 외로운 돌처럼 홀로 남을 것이 분명하다. 그
러나 마음을 활짝 열고 따뜻한 자애를 듬뿍 주며 친절과 봉사
로 모든 이를 존중할 때 자기 주위에 그런 환경을 불러들이게
되는 것이다. 원래로 주는 자만이 받는 것이다.

일은 자기표현이다

인생이란 일하고 사는 것이다. 그래서 일생의 반이나 1/3 이상을 직장이나 일에 바치고 있다. 이 많은 시간이 고통과 불유쾌한 시간으로 채워진다면 어찌 될까. 일도 안 되고 진보도 창의도 발전도 있을 수 없다. 인생은 적막강산이 될 것이 뻔하다. 우리는 일을 통하여 자기를 표현한다. 자기에게 잠재한 능력도 갖가지 일을 당하고 처리하는 데서 계발되고 무한의 가능성을 실현해 간다.

공통의 소망

대개 사람의 마음 깊은 속에는 몇 가지 공통적인 소망이 있다. 그것은 1.우정을 주고받고 싶어 한다. 2.자기 존재를 인정받고 싶어 한다. 3.꾸준히 향상하고 진보하고 싶어 한다. 4.남에게 도움을 주고 싶어 한다. 5.풍족해지고 싶어 한다. 6.구속받지 않고 자유롭게 되고 싶어 한다. 7.평등 속에서도 자기에 대한 특별한 인정을 바란다.

운명을 호령하는 자

부처님 말씀에 "인간세계도, 지옥세계도 아름다운 행복의 구름으로 가득 싸인 하늘나라도 그 모두가 한마음일 뿐이요, 이 마음 밖에 다른 아무 것도 없다(三界一心 心外無別法)." 하셨다. 결국 행운도 불행도 어떤 권능자나 요물단지가 만들어 주는 게 아니고 우리의 마음이 만드는 것임을 일러주신 것이다. 이것을 알게 되면 스스로가 행복의 창조자가 되고, 불행을 행운으로 바꾸는 조화주가 되고, 심술궂은 조물주나 장난꾸러기 운명신의 손을 벗어나 오히려 운명을 호령하는 자가 되는 것이다.

진리를 긍정하자

우리들 주변에는 허망한 말들이 무수히 굴러다니고 있다. 그리고 그 해독도 참으로 크다. 이러한 허망한 말로 인하여 허망한 생각을 갖게 되고 인생을 허망하게 만든다. 모름지기 우리의 이 몸은 청정법신이고 무량공덕신이다.

가슴을 활짝 펴고 부처님의 무량공덕이 내 가슴에 너울치는 것을 생각하자. 그리고 그것을 말하자. 진리의 모습을 긍정하고 마음에 받아 가지며 생각으로 움직이고 행동으로 발동할 때 우리들과 우리의 국토는 진리본연의 모습을 나툴 것이다.

건강의 길잡이

혹 어떤 사람이 건강해지기 위해 '건강해야지. 건강하다고 생각해야지.' 할지 모른다. 그러나 우리 생명 깊은 곳에는 불보살의 위신력이 넘쳐 있다. 본래 병들 수 없는 것이 생명이다. 말을 하고 생각하고 믿고 신념으로 행동할 때 건강은 나타난다.

'나는 건강하다'는 적극적인 건강관념을 의식에 충만시킴으로써 신념을 굳히고 잠재의식 속에 깊이 침투시키자. 그럴 때 생명은 조절되고 활기는 넘쳐나고 소극적·파괴적 관념은 조절되어 충실한 건강이 전면에 나타난다. 누가 "그 사이 건강하세요?" 할 때 "네, 감사합니다. 건강합니다." 하고 명쾌하게 대답하자. 말이 건강을 불러내는 길잡이가 된다.

성공의 탑 쌓기

오늘 우리의 하루하루가 성공의 길인가. 하루하루가 금싸라기를 모으듯이 값있는 생활의 축적이라면 우리가 지나간 뒤에는 금싸라기가 깔릴 것이다. 하루하루 보태지는 성공은 우리의 생애가 거듭되면 될수록 성공의 탑은 높아질 것이다. 인생은 원래로 순간순간 자기를 형성하고 자기를 결정지어간다. 성실하고 너그럽고 참을성 있고 지혜롭고 용기 있는 결단, 행동, 생활태도, 그런 것들이 자신을 순간순간 밝고 맑고 힘차고 아름다운 것으로 가꾸어 가는 것이다.

어렵거든 온갖 집착을 내려 놓으라

어려운 문제에 부딪치면 우리는 걱정하고 때로는 절망한다. 그것은 어렵게 문제를 받아들이고 그것에 압도되었기 때문이다. 그 결과 걱정하고 두려워하고 실망에 빠진다. 걱정과 불안이, 생명의 위대한 진리를 가로막고 있는 것이다.

이런 때는 모름지기 모든 생각을 다 놓는 것이 좋을 것이다. 불안, 초조, 온갖 집착을 말끔히 포기할 때 진리의 밝은 달은 우리 생명 전면에 그 빛을 가득히 비추는 것이다. 새로운 지혜, 성공의 물줄기는 거기서 흘러나온다. 나의 생명 깊숙이 간직된 위대한 위신력을 우리의 아집이나 공포심으로 가로막지 말자.

오늘이 인생 창조의 중심이다

우리의 인생은 단 한 번뿐인 듯하지만 끝없이 반복함으로써 끝없이 진보할 계기가 주어진다. 그러기에 하루하루가 새로운 것이다. 그런데 하루하루 한 장면 한 장면이 갖는 새로운 것을 잊은 사람은 자칫하면 어제의 불운과 어두운 그림자를 오늘에까지 가져온다. 오늘의 이 아침 해가 어제의 흐린 하늘을 잊고 찬란하듯 무궁할 미래의 창조는 오늘 지금부터 출발한다. 오늘이 바로 인생 창조의 중심인 것이다. 자! 오늘에 빛을 주자.

조건없이 감사할 때

어느 때나 부처님께 감사하자. 나라와 겨레에 감사하자. 형제
에게 감사하자. 아내에게 감사하자. 남편에게 감사하자. 자식
들이나 아랫사람이나 모든 벗, 모든 이웃들에게 감사하자. 아
무런 조건 없이 감사하고 섬기고 사랑하는 곳에 불보살님은
항상 함께 하시며, 부처님의 위덕은 거침없이 나타나시어 용
맹스런 힘이 넘쳐난다.

소망은 인생의 등불이다

우리는 소망으로 살아간다. 소망 없는 인생은 생각할 수 없다. 소망은 인생의 등불이요, 생명을 비추는 빛인 것이다. 소망은 마땅히 크고 밝고 싱싱하게 타올라야 한다. 참된 소망은 자기 향상이며 자기 성장이다. 내가 향상하고 이웃이 행복하며 세간이 평화롭고 역사가 진리로 발전함에 참된 소망이 있는 것이다. 온갖 장애물, 온갖 감정과 미혹의 덩어리를 일시에 소탕하고 끊임없이 정진하여 참된 소망의 싹을 심고, 키워가자.

신묘한 마음의 힘

우리들은 마음이라는 신묘한 것을 지니고 산다. 지니고 산다기보다 우리들 자신이 신묘한 마음 자체이다. 마음이 보고 생각한 대로 자기와 세계는 이루어진다. 밝은 생각을 하고 밝은 행을 하면 스스로 밝아지고 또한 밝은 것이 모여 든다.

  베풀며 살아가면 스스로 풍요의 문이 열려오고 풍요로이 거두게 된다. 진리를 생각하고 진리를 말하면 역시 진리가 자신에게서 열려오고 생활환경이 평화롭고 원만 조화가 깃들게 된다. 생각하고 행하는 것이 이루어지고 모여 들어 환경과 세계를 이루어가는 것이다.

희망과 성공이 여물어 가는 길

밝은 얼굴, 기쁜 표정에서 그의 마음은 더욱 밝아지며, 그의 환경과 앞길에는 희망과 성공이 여물어 간다. 자신의 마음을 어둡게 하고 벽을 치고 속박하는 모든 상념은 우리 인생을 불행하게 만드는 근원이 된다. 우리의 24시간을 돌이켜 볼 일이다. 밝은 얼굴, 기쁜 표정으로 있는 시간이 그 얼마인가.

크게 성공한 자신을 마음속에 그리자

사람은 생각하며 살고, 생각하며 행동한다. 그리고 그 생각이 커다란 목적의식 즉 소망을 토대로 한 것일수록 생각은 왕성하며 활동도 활발해진다. 밝은 소망이 없을 때 그의 생각도 행동도 암담하고 위축될 수밖에 없다. 꿈의 날개를 활짝 펴고 위대한 자기, 크게 성공한 자신을 마음속에 그리자.

　희망은 여기서 솟아나온다. 희망은 우리에게 끊일 수 없는 힘이 되고 지혜가 되고 횃불이 된다. 젊은이는 향상하고 늙은이는 젊어질 것이다. 꿈과 소망, 이것이야말로 인생을 살아가는 영원한 등불이며 안전장치이다.

칭찬과 긍정은 사람을 성장시킨다

만물은 밝은 곳에서 성장한다. 사람에게 있어 칭찬과 긍정은 식물에 있어 햇빛과도 같다. 칭찬과 긍정이 생명을 키우고 지혜의 문을 열며 용기의 샘을 솟구치게 하는 것이다. 인간 생명은 원래부터 밝은 것이기 때문이다. 부정은 생명의 밝은 빛을 가리는 것이고 긍정과 칭찬은 생명이 지닌 진리의 햇살을 활짝 여는 것이기 때문이다.

누군가를 미워한다는 것

누군가를 미워한다는 것은 내 마음속에 깃든 어둠이며 가시다. 미운 존재는 밖에 있는 것이 아니고 자신의 마음 상태이므로 미워할 곳이 있다면 이것이야말로 마음을 바꾸어 사랑해야 할 것이다.

어려움에 처할수록 자신을 되돌아보라

혹 환경에 불행과 장애가 있다면 우선 마음을 돌이켜 봐야 한
다. 마음속에 대립한 사람은 없는가. 자신의 불행의 원인을
타인에게 돌리고 있지는 않은가. 대립 감정과 미운 감정이 그
마음에 있는 한 환경이 조화로울 수 없고 행복할 수 없다. 어
려움에 처할수록 우리들의 마음자세와 생활 주변을 깊이 살
펴봐야 할 것이다.

행·불행의 갈림길

자신의 환경을 어떻게 만들어 가느냐에 대하여는 단순한 원리가 있다. 자신의 마음을 밝은 데 두느냐, 어두운 데 두느냐가 행·불행으로 갈리는 관건이 된다. 인생을 내다보면 밝은 면도 있는가 하면 어두운 면도 있다. 마음을 어느 쪽에 두느냐에 따라서 그 인생과 환경이 좌우되는 것이다.

마음을 밝고 긍정적이며 성장의 면에 둘 때 인생은 밝고 희망차게 성장한다. 그러나 똑같은 환경에서도 어둡고 비관적인 것에 마음이 끌릴 때 그 인생은 그늘지고 불행하게 되고 만다. 가슴을 활짝 열고 밝은 마음, 긍정적인 마음을 가득 채우자.

인간은 피조물이 아니다

원래 우리 인간은 죄의 소생도 아니요, 업보의 씨앗도 아니요, 고통 받을 숙명을 안고 태어난 죄악적 피조물도 아니다. 비록 겉모양이 아무리 비천하게 보여도 실로 그 깊은 생명에는 무한의 지혜와 능력이 풍성히 갖추어져 너울치고 있는 것이다.

일심으로 기도하면 일체의 성취를 이룬다

기도는 우리가 본래 갖고 있는 청정자성, 즉 공덕이 구족하고 조화롭고 평화스럽고 환희와 감사만 가득한 본래의 자성공덕을 나타내는 작법이다. 망념을 버리고 부처님을 믿고 일심 기도할 때 일체 악한 그림자는 사라지고 밝음이 찾아들며 기쁨과 건강이 솟아나며 일체의 성취를 이룬다. 우리 불자들은 언제 어느 때나 따뜻한 심정, 너그러운 마음으로 기도를 한다.

이 세상에서 가장 행복한 사람

이 세상에서 가장 행복한 사람은 자기 마음속에서 항상 밝은 생각을 갖는 사람이다. 명랑한 사람, 자비스러운 사람, 다른 사람을 칭찬하고 축복하는 사람, 그리고 마음이 평화하고 조화를 이룬 사람, 건강·행복·풍요 등 좋은 생각만을 항상 가지고 끊임없이 노력하는 이런 사람이 행복한 사람이다. 왜냐하면 그러한 마음자세가 아름답고 행복스런 목표를 하나하나 실현해 가기 때문이다.

행복 방송 청취법

좋은 일이 생기면 기뻐하자고 생각한다면 그것은 이미 늦은 것이다. 먼저 마음에 있고 그 다음에 현실 위에 이루어지는 것이다. 먼저 기뻐하고 먼저 성취를 생각하고 먼저 행복을 간직해야 한다. 이것은 마치 텔레비전의 채널을 맞추는 것과도 같다. 채널을 KBS에 맞춰야 KBS 방송이 나오고 MBC에 맞춰야 MBC 방송이 나오지 않는가. 행복과 성취의 마음에 채널을 맞추지 아니하고 행복방송이 나올 리는 만무하다.

물질이나 형상에서 행복을 찾지 말라

물질이나 형상 있는 것, 감각적인 것을 행복의 표적으로 알고 헤매면 결코 행복은 잡히지 않는다. 왜냐하면 그것은 실체가 아니기 때문에 잡혔다고 할 때는 이미 놓치고 없는 것이다. 아무리 물질적·감각적 여건을 완비한다 할지라도 거기에 행복의 신이 찾아들지 않는다. 거기에는 갈등과 대립과 갈증과 거친 인심과 기계적 잔인성이 인간의 가슴 속에 깊숙이 공동(空洞)을 장만하고 뼈 속 깊이깊이 처참한 공허만 스며들 것이다.

물질은 그림자이며 형상은 꿈이다

물질은 물질 아닌 것의, 형상 있는 것은 형상 아닌 것의 그림
자라는 사실을 알고 그 그림자를 넘어선 저 너머의 실자(實者)
를 잡아야 한다. 물질은 그림자이며 형상은 꿈이며 감각적인
것은 환(幻)인 것을 모르는 까닭에 실자를 보지 못하는 것이
며 헛된 것을 잡으려 애쓰는 것이다.

행복의 법칙

행복은 어떤 권능자가 주어서 얻어지는 과실은 아니다. 진실
을 믿고 행하는 데서 어김없이 이루어지는 법칙이다.

가난뱅이와 부자의 차이

아무리 억만장자라도, 전 세계의 재화가 몽땅 자기 이름으로 등기되어 있더라도 그러한 사실을 모르고 있다면 한 푼도 쓸 수 없는 가난뱅이와 무엇이 다른가. 자신에게 무량한 재화가 있는 것을 알 때 비로소 그는 부자의 권능을 갖추기 마련이다. 우리가 불심진리(佛心眞理)의 무량공덕을 지니고 있더라도 이것을 알지 못하고 지낸다면 고난의 구렁으로 전락하는 것도 이와 같다.

먼저 믿어라

김씨의 아들에게는 김씨의 피가 흐르고 박씨의 자손에게는
박씨의 피가 흐르고 불(佛)의 아손(兒孫)에는 불의 피가 흐르
는 법이다. '불(佛)의 피' 이것이 불성이다. 그러므로 만인은
바로 불자(佛子), 불(佛)이 그의 본모양이요, 생명이다. 행복
을 구하는 자는 먼저 이것을 믿어야 한다. 믿는 것이 나타나
는 법이다. 믿음은 창조이다.

자신을 본원진리에 연결시키라

자신을 본원진리(本源眞理)에 연결시켜야 한다. '본원진리' 라
함은 불성을 말한다. '연결시킨다' 함은 자신의 생명이 부처
님의 진리에서 온 것임을 믿고 부처님 마음다운 따뜻함, 윤택
함, 부드러움을 행함을 말하는 것이다. 이와 같이 믿고 따뜻
함을 행할 때 우리의 내부 생명인 불성공덕(佛性功德)은 현실
위에 나타나기 마련이다.

생명의 따뜻함을 나눈다는 것

우리가 자비를 행하면 우리의 내부 생명인 부처님의 크신 힘
이 우리의 현실에 연결되어 나타나는 것이다. 그러므로 자비
는 누구를 위하거나 무엇을 얻기 위하여 지불하는 대가가 아
니다. 천국에의 '티켓'을 얻자는 것이거나 부처님의 은총을
받겠다는 것일 수 없다. 그저 자신의 생명의 따뜻함을 나누는
것이다.

밝음은 모든 이의 본래 자리이다

본래 이 생명, 이 마음은 부처님에게서 온 것, 모두가 부처님 마음이 나타난 것이다. 그러니 우울이나 불평 불만, 부도덕, 불행, 공포 등이 있을 수가 없는 것이다. 이런 어두운 마음은 바로 밝음의 부재(不在)를 의미한다. 항상 깨우쳐서 바른 마음을 세우면 언제나 밝음이 가득할 것이다. 이 밝음이 모든 이의 본래 자리이다.

인간의 참 면목

인간이란 무엇인가. 인간의 참 면목은 물질도 육체도 감각도 정신도 아니며 그를 기초로 한 가치도 아니다. 그것은 불성으로 불리는 완전자이다. 일체 지혜와 자비와 위덕과 능력과 아름다운 조화와 무한에의 자재(自在)를 나툴 주인, 영원의 자유 해탈자였으며 모든 공덕을 이미 갖춘 원만구족자다. 착각된 눈만 돌이키면 본래의 빛이 들어찬다.

창조력은 최선을 다할 때 발현된다

인간 본성은 생명력과 지혜와 자비로써 자기를 표현한다. 인간에게 주어진 생명력과 지혜와 자비는 불성이 지니고 있는 무한력과 창조력을 구사하는 기본 방식이다. 그리고 내재된 지혜와 자비와 생명력을 끌어내는 것은 최선을 다한 성실성이다. 누군가가 해줄 것이다. 부처님이 해줄 것이다, 저절로 될 것이다 등등 의존하거나 자기의 힘을 아끼거나 한다면 그것은 바로 자신에게 있는 창조력의 발현 양식인 생명력과 지혜와 자비를 은폐하는 것이다.

진리와 조화되지 않을 때 고통이 온다

대개 우리 생활에서 갖가지 문제나 고통스러운 일이나 마찰이 생기는 것은 우리들의 마음가짐이 진리와 조화되지 아니하고 진리의 성스러운 질서와 조화되지 아니하게 생활을 하고 있기 때문이다. 우리는 진리의 성스러운 질서를 바르게 알고 우리의 마음을 그 질서에 맞게 움직여야 할 것이다. 마치 흐르는 물에 배를 띄운 것처럼 그 물줄기를 따라 바르게 배를 조정해야 하겠다.

진리의 목소리를 듣기 위해서

우리가 흔히 마음이라 통칭해 버리지만 마음에도 몇 가지 단계가 있다. 육체적 욕구를 나타내는 단계가 있는가 하면, 보다 깊은 습성의 표현인 마음도 있다. 또는 보다 깊은 영적인 상태를 나타내는 마음도 있는 것이다. 이러한 마음은 모두가 실로는 꿈이며 환과 같은 것이지만 범부에게는 그것이 있는 것처럼 작용한다.

진리의 목소리를 듣기 위해서는 모든 물질적인 것을 툭 털어버리고 텅 빈 맑고 밝은 마음이 되어야 한다. 진리인 법성과 일체가 되어 마음이 하나가 되어야 한다. 법성과 하나가 될 때 부처님과 하나가 되고, 중생과 하나가 될 때 부처님도 없고 중생도 없고 법성도 없는 참으로 밝은 큰마음이 된다.

어둠은 어둠으로 사라지지 않는다

어둠은 어둠으로 사라지지 않는다. 어둠을 보고 아무리 '어둠아, 사라져라!' 하고 외쳐봤자 어둠은 사라지지 않는다. 오직 등불을 켤 때 어둠은 저절로 사라지는 것이다.

최상의 음악

인생을 아름답고 싱싱하게 장엄하는 최상의 음악이 무엇이냐고 묻는다면 그것은 '감사'라고 대답하겠다. '감사'로 하여 삶의 보람은 증장하고, 생명은 빛을 발하며, 생활은 윤택하고, 활기를 더하게 된다. 인생이 고난에 부딪쳤을 때, 고난을 극복하는 최상의 방법도 감사다.

감사는 마음에 평화와 조화와 축복을 채워 준다. 거기에 부처님의 무한 공덕이 흐르게 한다. 그래서 눈앞의 고난과 불안이 깃들지 못하게 하는 것이다. 우리의 가슴을 감사로 채우자. 항상 모두에게 감사하자. 감사는 생명을 키워주는 최상의 음악이다.

참된 소망은 이루어진다

참된 소망이란 진정 자기가 성장하고 다른 사람을 해롭게 하지 않는 것이니 이런 소망은 반드시 이루어진다. 진리가 뒷받침하고 부처님의 위신력이 통해 있기 때문이다

자기 환경은 자기 마음의 반영이다

자신을 둘러싸고 있는 환경은 남이 만들어 준 것이 아니라 자기 자신의 깊은 마음의 반영이라는 것을 깨닫는 것이 기도하는 사람의 지혜. 대립과 갈등과 불안한 환경은 그 원인이 자신의 마음 깊은 곳에 있는 대립과 증오와 또는 어두운 감정의 나타남이라는 것을 알아야겠다. 그러하기에 기도하는 사람은 우선 마음을 맑히고, 평화와 자비와 조화와 희망과 감사로 바꾸고 일심 염불하여야 한다.

믿는 만큼 이루어진다

사람은 누구나 불성(佛性)의 시현자(示顯者)다. 그러나 그러한 위대한 본분을 충분히 발휘하지 못하는 것은 범부라는 생각으로 스스로를 제한하였기 때문이다. 열등감을 갖고 있는 자는 열등한 정도 이상 발전하지 못한다. 자신을 보통 정도로 생각하고 있는 자는 보통 정도 이상 발전하지 못한다. 사람은 스스로 믿는 만큼 이루어지는 것이다.

친절한 말은 인생의 보배다

이웃을 돕고 친절히 하고 싶어도 가진 것이 없어서 못 한다고 하는 사람이 있다. 친절한 말은 인생의 보배다. 설사 아무 것도 가진 것이 없다 해도 친절한 말은 누구나 가진 것이 아닌가. 우리는 공덕 짓기를 친절한 말로부터 시작하자.

  슬픈 사람에게 위로를, 의기소침한 사람에게 새로운 용기를, 헤매는 사람에게 바른 가르침을 따뜻한 미소로 건네주자. 희망도 환희도 지혜도 자비도 우정도 그 곳에서 나온다. 한없는 공덕이 착한 말과 함께 있는 것이다. 친절한 말을 배우자. 이것이 인생의 보배다

인생의 주춧돌

마음의 평화와 정신의 정결, 이것이 인생에 행복을 실어주는 주춧돌이다. 마음에 때가 묻으면 병이 생기고 가정이 불안하다. 마음이 거칠어 조화를 잃고 정신이 때 묻었을 때 몸에 병이 오고, 가정이 불안하며 사업에 장애가 온다.

최상의 것을 최우선에 두자

하찮은 이득을 구하거나 위세를 지키거나 자칫 감정을 풀기 위하여 마음을 뒤흔들고 정신을 더럽히는 일을 거침없이 하는 일은 없는가. 최상의 것을 최우선에 두자. 이 마음의 평화를 최우선으로 지키자.

우선 이웃을 존경하고 사랑하라

부처님의 은혜를 받아쓰자면 두 가지를 명념해 두어야 한다. 첫째는 부처님의 은혜를 받을 수 있는 높은 마음, 즉 모든 이웃을 존경하고 그를 사랑하는 보리심을 발하여야 한다. 이제까지는 자기 중심으로 생각하고 판단했던 마음을 돌려 부처님의 넓고 자비하신 은혜에 마음을 돌리고 그와 같은 넓고 자비한 마음이 되어 부처님을 믿고 동요하지 않아야 하는 것이다. 또 한 가지는 지속성이 있어야 한다.

부처님의 은혜의 물결도 우리의 마음의 경계를 따라 나타나고 우리 앞에 성숙되는 것이므로, 끊임없이 지속하고 발원하며 동요하지 않아야 큰 은혜는 우리의 현상으로 구체화하는 것이다.

우리는 이미 축복받은 생명이다

우리는 축복받은 신기한 생명이다. 진리의 무한공덕을 원래로 타고 났다. 지혜롭고, 덕스럽고, 건강하고, 행복하다. 지금 설사 병들어 보여도 이것은 다만 건강의 태양이 망념 구름에 가리었을 뿐이다. 생명의 원모습인 건강 태양은 구름에 덮쳤든 지구에 막혔든 땅 속에 묻혔든 영원히 변함없이 내 생명에 찬란하다.

병이 나거든 무한 생명력을 생각하자

구름 걷힌 하늘에서 햇빛이 쏟아지듯 병이 나거든 무엇보다
무한 생명력을 생각할 것이다. 찬란한 진리 생명에로 마음을
돌이키자. 그리고 태양처럼 밝고 시원하게 기쁨을 머금고 건
강한 꿈을 가슴에 담자. 이윽고 병고는 사라지고 밝은 행복이
드러날 것이다. 마치 구름 걷힌 하늘에서 햇빛이 쏟아지듯이.

부처님의 목소리를 듣는 방법

탐(貪)을 끊고 자비 보시를 행하고, 진(瞋)을 끊어 애어(愛語) 찬탄을 행하며, 치(癡)를 돌려 진실지(眞實智)를 행하고, 보리심을 발하여 만 가지 선행을 행하는 데서 우리는 부처님의 간곡하신 목소리를 들을 수 있다. 보리심의 실천이 없이는 우레같은 그 목소리를 결코 듣지 못한다.

생각은 자석과도 같다

경전(經典) 말씀에 마음이 일체를 만든다고 하였다. 사람의 생각은 자석과도 같다. 어두운 생각은 어둡고 불행한 운명을 끌어당기고, 밝고 환희로운 생각은 밝은 운명을 끌어당긴다. 감사와 밝은 마음에서 광명의 문은 열려오는 것이다.

칭찬에서 복이 온다

칭찬은 자신의 마음을 밝게 하고 즐겁게 하고 복이 오게 하며
또한 상대방의 마음을 밝게 하고 용기를 주며 숨은 능력을 튀
어나오게 한다.

모든 사업은 신성한 보살도이다

모든 사업은 신성한 보살도이다. 이기적 이득을 앞세우면 쇠
퇴하고, 공심과 성실로써 보살심을 발휘하면 나라가 발전하
며 부강해진다.

참된 친구는 밝은 면을 긍정해준다

불행을 말하는 벗에게 불행을 인정하며 동정한다면 실로는
불행과 어둠을 보태주는 것이 된다. 모름지기 그의 생명 깊은
곳에 깃든 성공의 싹을 발견해 주고 밝은 면을 긍정해 주자.
그래야 그 사람이 다시 일어선다. 이 사람이 눈 밝은 참된 친
구다.

인생살이가 피곤하거든 염불하라

인생살이가 피곤하거든 염불하여 마음을 부처님께 돌릴 것이다. 부처님은 지혜이며 자비이며 무한의 공덕장이다. 부처님 진리에 뛰어들 때 불안은 사라지고 평화가 찾아오며 희망과 기쁨이 넘쳐 온다.

집착하면 불안과 고통이 따른다

현상계란 미혹된 마음의 경계이므로 꿈이며 환이며 실(實)이
아니다. 그것이 영원한 줄 그릇되게 알고서 집착하면 불안과
고통이 뒤를 따르고 온 가슴 가득히 허무가 고여 든다.

혼자 있을 때는 부처님과 함께 있으라

혼자 있을 때 슬픔과 함께하지 마라. 노여움과 함께 있지 마라. 죄와 대좌하지 마라. 오직 부처님과 함께 있으라. 진리의 자비광명 앞에서는 온갖 슬픔과 죄가 스스로 소멸된다.

슬프거든 부처님께 호소하라

슬픔을 남에게 호소하지 말라. 노여움을 남에게 말하지 말라. 호소하게 되면 미움과 슬픔의 물결은 더욱 높아지리라. 서로의 사이는 험악해지고 노여움의 불길은 다시 타오른다. 또한 슬픈 심정을 자극이나 쾌락으로 호소하려 하지 마라. 쾌락이나 자극으로 순간적 회피는 될지 몰라도 자극에서 깨어날 때 괴로움은 다시 새로워진다. 술이나 쾌락으로 속인다 해도 자기기만에는 언제나 한숨이 뒤따른다. 슬프거든 모름지기 부처님께 호소하라. 괴롭거든 부처님께 일심으로 기도하라. 부처님은 내 생명 깊이에서 자비의 손으로 죄와 고통을 씻어주고 평화와 희망을 채워준다.

행복해지고 싶다면

원래 인간의 운명이란 자기 마음에 있는 것이 전개되는 과정
이다. 그러므로 행복해지고 싶다면 먼저 진리 본성대로 그 마
음을 다듬어야 한다. 진리 본연의 청정 원만상을 마음에서 관
하면 우리의 생활 주변에는 저절로 진리의 완전상이 나타나
고, 우리의 소망도 거기서 이루어진다. 행복해지고 싶다면 먼
저 지금 내 마음 상태가 어떠한가를 돌이켜보자. 그리고 진리
본연의 광명과 행복으로 마음을 가득 채우자.

출가란 대립에서 벗어나는 것이다

대립을 보고 미워하고, 대립을 보고 스스로 취하려고 하고, 대립을 보고 탐진치 삼독을 일으키는 것, 그 모두가 미혹이다. 출가는 이와 같이 대립의 입장에서 살고 있던 내가 대립이 아닌 완전무결한 진리가 자기라는 것을 깨닫고 그 행위로 나아가는 것이다.

자기 한정에서 벗어나자

우리의 본래 생명은 진리이며 지혜이며 걸림 없는 힘이다. 그러나 우리는 일상생활에서 생명력의 극히 작은 부분만을 발휘하고 있을 뿐이다. 그것은 '나의 힘은 이 정도'라고 스스로 자기를 한정하기 때문이다. 그러나 다급한 때를 당하면 놀라운 힘이 나타나는 것을 종종 본다.

어찌하여 그러한 것일까? 위급할 때는 자기 한정 관념이 개입할 겨를이 없어 본래 갖추어진 힘이 나오기 때문이다. 우리가 평소에 다급할 때처럼 자기 한정 관념에서 벗어난다면 놀라운 능력을 발휘하게 될 것이다. 그러자면 끊임없이 "나는 육체가 아니다. 불성이다. 부처님의 공덕 생명이다. 나무 마하반야바라밀." 하며 진리의 믿음을 신념으로 확충해 가는 수행에 힘써야 한다.

환경을 만드는 원형

생각은 환경을 만드는 원형이므로 우리가 무엇을 생각하고 무엇을 신념으로 확신하고 있는가에 따라 운명은 바뀌어 간다. 우리는 자칫 습관 따라 환경 따라 자기 본분을 잊고서 불행을 생각할 때가 있다. 그러나 결코 습관에 떠밀려가지 말아야 한다. 어두운 환경의 포로가 되지 말자. 어떤 합리나 법칙이라도 그것이 어두운 것이라면 단연코 그 권위를 거부하자. 그것은 불행의 씨앗이다. 끊임없이 노력하여 희망과 행복을 생각하고 성공과 환희를 말하는 것이 진리를 생활하는 지혜자의 길인 것이다.

내 생명에 깃든 무진장의 힘

인간은 육체의 덩어리도 아니고 물질의 변화체도 아니다. 인간은 법성 진리 자체이다. 인간에겐 무한의 지혜와 덕성과 힘이 깃들어 있다. 영원히 발전하며 창조를 계속할 위대한 힘이 감추어져 있는 것이다. 원래로 우리의 발전과 창조를 방해할 요소란 아무 데도 없다.

그렇다면 우리는 법성 진리를 순직하게 긍정하고, 스스로에 깃든 위대한 힘을 여지없이 발휘하여야 하지 않겠는가. 오늘보다 더욱 완전하게, 보다 아름답게 발전시킬 능력이 있음을 확신하자. 내 생명에 깃든 무진장의 힘을 긍정하고 발굴하면 무진장의 창조가 계속되고, 무지와 나태로 방치하면 무진장의 보고도 아무 구실을 못하게 된다.

기쁨을 말하는 데서 행복이 찾아 든다

행복한 사람은 빛나는 시간, 기쁜 순간만을 생각한다. 불쾌했던 기억, 실패의 추억, 어두운 과거를 마음에서 몰아내고 슬픈 일, 우울한 생각을 결코 마음에 두지 않는다. 미움, 질투, 분노, 불유쾌한 것, 그런 것은 불행을 복습하고 실패를 부르는 초대장이 아닌가? 내 생명의 행복을 훔치는 도적들이 아닌가? 행복을 지키는 사람, 성공을 거두는 사람은 언제나 빛나는 순간, 기쁜 기억만을 간직하고 말한다. 기쁨을 말하는 데서 행복이 찾아드는 것이다.

사랑하는 사람은 사랑 받는다

사랑하는 사람은 사랑 받는다. 기쁜 마음으로 주는 사람은 넉넉하게 기쁨을 받는다. 사랑하면 건강이 오고 번영이 오고 행복이 온다. 자비는 무한공덕을 끌어당기는 신묘한 위력이 있는 것이다. 우리는 불자, 불성, 무한 공덕장의 주인공이다. 누구에게나 자비의 샘물은 끊임없이 샘솟고, 행복의 상서는 발밑에 깔렸다. 자비의 샘물을 지키자. 대하는 모든 이웃에게서 언제나 따뜻한 불성을 보자.

어려운 일을 당하거든 그 의미를 생각하라

우리 앞에 나타난 어려운 사건들은 이것이 물리적 성격의 것만은 아니다. 겉으로는 현상적·물리적인 것으로 보이는 그 속에 정신적인 어떤 의미가 감추어져 있는 것이다. 어려운 일을 당하거든 당황하거나 저주하거나 도피하려고 하지 말고 그 사건이 가지는 의미를 깊이 생각할 일이다. 그리고 일어나는 생각을 쉬고 그 사건이 준 교훈 따라 마음가짐을 바꿀 일이다. 그리고 성실하게 그 일을 대하라. 그러면 그 문제와 사건은 해결되거나 사라지고 만다. 현상으로 나타난 뿌리가 소멸하였기 때문이다.

살아있는 믿음

빛을 잃은 태양을 생각할 수는 없다. 이미 태양이 아니기 때
문이다. 지혜와 자비를 머금은 불자에겐 언제나 밝음과 사랑
과 따뜻한 생명의 빛이 넘쳐흐른다. 그러기에 그의 마음은 항
상 밝고 그의 말은 따뜻하고 그의 행은 싱싱하다. 청하지 않
아도 벗이 되고, 마치 태양이 빛을 토하듯이 빛을, 사랑을, 희
망을, 힘을 주는 자가 불자다. 또한 불자가 해야 할 최우선의
일은 부처님 말씀을 전하는 것이다. 법을 전하자. 이것이 살
아있는 믿음이다.

이상은 먼 곳에 있지 않다

이상이 높을수록 목표는 먼 데 있고 목표가 멀수록 현실과는 거리감이 느껴진다. 목표와 현실과의 거리감이 있으면 두려움이 생겨서 후퇴하기 쉽다. 거리를 보지 말고 목표만을 보자. 이상은 먼 곳에 있지 않고 자기 마음속에 있는 것이니 밝은 마음으로 목표만을 바로 보자. 그리고 한 걸음 한 걸음 앞으로 나아가자. 이상은 끊임없이 나의 현실 위에 나타난다.

성공자는 다시 일어서는 자다

인생을 살아가노라면 한두 번의 실패는 으레 따른다. 그러나 거기서 다시 일어서는 자와 그렇지 못한 자가 있으니 이것이 행·불행의 갈림길이다. 성공자는 쓰러지지 않는 자가 아니다. 몇 번이고 다시 일어서는 자다.

여성의 자애는 모두를 성장시킨다

여성은 인간이 지니는 모든 덕성과 능력을 모두 갖추고 있지만 그 중에서도 '자애'가 여성의 특성이라 할 수 있다. 자애는 고집이 없다. 바다와도 같이 어떤 완강성도 유연히 받아들이며 그를 섭수한다. 자애는 대립이 없다. 어떤 장벽도 장벽이 못 된다. 자애는 그를 싸고 넘기 때문이다.

자애는 막힘이 없이 통하고, 대지와 같이 그 모두를 성장시키고, 허공처럼 많은 공덕을 그 속에 담고 있기에 그에 맞설 적이 없어지고, 바다처럼 넉넉하고 의젓하며 언제나 관세음보살처럼 따뜻한 햇빛이 그 속에 빛난다. 여성은 이 천분의 덕성을 함양하여 이 땅의 행복을 가꿔 나가야 할 것이다.

가정이라는 안주처

중생이란 도대체가 참된 자기 것을 잃고 헤매는 방황상태를 면하기 어렵다. 그 속에서 가정이라는 안주처마저 잃었을 때 그의 적막과 고독감은 비할 수 없다. 인간은 고독하면 생활의 안정을 얻지 못하고 타락하기 마련이다. 마음의 공허와 고독은 사람을 악으로 향하게 하기 십중팔구인 것이다. 고독의 치유, 육체존재로서의 인간은 일단 가정에서의 안정이고, 보다 근본적인 안정은 불보살과 함께 있는 자기 참 생명과의 만남에 있는 것이다.

부부 문제의 원인

결혼 후 부부가 문제를 일으키는 근본원인을 파고들어가 보면 거기에는 서로가 '자기 것'이라는 생각이 움직이고 있고 서로가 존중하고 존경할 인간이라는 사실에 등한한 것이다. 상대방을 내것이라고 생각하는 데서 집착적인 사랑이 얽히게 되고 거기서 자기 중심적인 생각이 나오게 되며, 자기의 희망이나 기대를 상대방에게 억압적으로 내밀게 된다.

부부가 서로를 불성 존재로 생각할 때 존경하게 되고 사랑하게 되며, 자기 중심적인 집착을 버림으로써 가정은 영원히 휴식을 주고 새 활력을 샘솟게 하는 원천이 될 것이다.

남편 예우법

많은 남성들의 마음의 밑바닥에 흐르고 있는 모성애의 향수는 거의 절대적이다. 남성이란 단순한 것이어서 아기를 엄마가 쓰다듬어주듯이 아내가 따뜻하고 부드럽게 대해주며 그의 뜻을 조건 없이 받아주기를 바라고 있는 것이다.

이러한 깊은 인간향수가 충족되었을 때 그는 태도가 바뀌어지고 주장이 누그러진다. 이 도리를 알고 보면 남편예우법(남편조종법?)이라는 것도 별 것은 아닌 셈이다. 결국 여성의 모성애, 자애로운 덕성이 모든 남성을 슬기롭고 용기있게 만들며, 필경 인간의 승리를 가져오게 하는 것이다.

우리를 기다리고 있는 것

참으로 있는 현실은 눈에 보이고 귀에 들리는 형상이 아니다. 오히려 보이고 들리고 알 수 있는 것은 변하고 허물어지며 막히며 허망하다. 눈으로 볼 수 없고 생각으로 이를 수 없는 곳에 영원과 진실과 풍요가 있다. 그렇다고 말을 끊고 생각을 떠난 곳에 진리가 있고 소망이 이루어지는 것이 아니다.

허망한 것은 허망해서 끊을 것도 없고 진실은 진실하여 허망 중에 오히려 활활 약동한다. 항상 염불하고 부처님의 무량공덕 세계를 깊이 믿자. 이 곳에 일체 성취의 대공덕이 우리를 위하여 기다리고 있으며 영겁 불멸의 참된 현실이 열려 있다.

소망을 이룰 수 있는 법칙

우리 주변에는 부처님 법을 믿는다는 불자가 많다. 그리고 기도하여 밝은 소망을 이루겠다는 신심 있는 불자도 많다. 또 부처님의 무한공덕과 대자대비를 믿는 불자도 물론 많다. 그러나 내 마음이 바뀌고 진리에 순응해야 소망을 이룰 수 있다는 법칙을 아는 사람이 얼마나 될까.

중생이 없으면 한 보살도 성불하지 못한다

아무리 맛없는 음식이라도 몸에 이로운 성분이 포함되어 있
는 것과 같이 아무리 불쾌한 환경이나 거친 상황 속에도 우리
의 영혼을 살찌우고 빛내주는 정신적 요소가 깃들어 있다. 남
의 잘못을 보고 그가 바뀌기를 바라기에 앞서 자신의 마음자
세가 바뀌어야 할 것이다. "중생이 없으면 한 보살도 성불하
지 못한다."는 경전의 말씀을 다시 깊이 생각한다.

주는 자는 받는다

속담에 "자기를 알아주는 사람을 위하여 죽는다"는 말이 있다. 사람이란 자기를 알아주기만 한다면 목숨조차 아깝지 않다는 심정이 되는 것이다. 그러기에 상대방에게 마음을 주고 이해하고 따뜻한 정을 보낼 때 당연히 그에게서 이해와 협력이 오는 것이다. 주는 자는 받는 것이다.

눈을 감은 사람은 천지가 어둠일 뿐이다

태양이 아무리 찬란하게 빛나더라도, 세상이 아무리 환희와 영광에 빛나더라도, 스스로 눈을 가리고 어두운 장막으로 스스로를 휘감고 있는 사람이 있다면 그에게는 천지가 어둠일 뿐이다. 그렇다면 어떻게 어두운 장막에서 벗어날 수 있을까.

내가 살아있는 생명임을 의심하지 않고 마땅히 눈부신 태양을 우러러 내 생명의 충만한 기운을 다시 읽고, 넘치는 희망과 용기, 끝없는 밝음과 싱싱한 활기, 무조건의 자비와 일체와의 조화, 감사와 밝고 평화로운 얼굴로 생명의 진실과 환희를 발휘하고 누려야 할 것이다.

전법은 말과 이론에 있지 않다

우리 불자들의 모든 행은 그것이 법을 행함이며, 법을 전함이된다. 지혜를 행하고 자비를 행하며 진실한 생명을 사는 그것이다. 높은 이론, 깊은 지식보다 말없는 행으로써 우선 자기 가정에 밝고 따뜻한 부처님 공덕을 채워가고, 가까운 벗, 이웃에게 불법의 진실과 환희를 심어가야 할 것이다. 전법은 말과 이론에 있지 않다. 따뜻한 마음씨와 밝은 표정과 친절한 말 한마디 속에 있는 것이다.

만인은 원래 부처님이다

본래 우리는 이미 성불되어 있다. 만인이 부처님으로서 존경받아야 될 사람들이다. 남한테 존경받아야 할 뿐만 아니라 자기 스스로도 긍지를 가져야 한다. 그렇게 믿고, 알고, 회향함으로써 완성의 길을 간다. 끊임없이 올바른 믿음과 회향을 통해서 그것을 실현해 가야 한다. 만인은 모두가 부처님이다.

행동으로 법문을 듣는다

불법은 행동으로써 법문을 듣는 것이다. 일심으로 염불하는 가운데 법문을 듣고 산하대지 가득한 진리광명을 본다. 열심히 자기 일을 하고 보시를 하고 독경을 하고 기도하는 사람, 그 모두는 법문을 실천하는 것이고, 행하는 것이고, 참으로 법문을 듣는 것이다.

인간의 특권

사람은 참으로 귀하다. 아무렇게나 태어났거나 오발탄처럼 잘못 태어난 것이 결코 아니다. 스스로도 돕고 남도 도우며 세간에 이로움을 준 선근공덕으로 이 몸을 얻은 것이다. 큰 희망을 약속 받고 큰 성취의 가능성을 안고 태어난 우리들, 부처님의 진리를 깨달을 수 있다는 것은 인간이 가진 가장 강한 특권이다.

유한의 범부생활을 무한한 영원으로

부처님의 가르침은 영겁으로 일체 중생의 미망을 깨뜨리는 불멸의 광명이다. 악몽에 시달리는 중생의 몽환병을 고치는 최상의 영약이다. 부처님의 가르침은 중생의 어둠을 세척하여 그의 생명에 끝없는 희망과 환희를 성취시키며, 유한의 범부생활을 무한한 영원으로 바꾸는 것이다. 흙덩어리와 같이 혹은 돌덩어리와 같이 알던 인간을 금강석이나 내지 부처님으로 바꾸어놓는 것이 바로 부처님의 가르침인 것이다.

기도

기도는 우리가 본래 갖고 있는 청정자성, 즉 공덕이 구족하고 조화스럽고 평화스럽고 환희와 감사만 가득한 이 본래의 자성공덕을 나타내는 작법이다. 망념을 버리고 부처님을 믿고 일심 기도할 때 일체 악한 그림자는 사라지고 밝음이 찾아들며 기쁨과 건강이 솟아난다. 일체의 성취를 이룬다.

부자가 되려는 사람에게

부(富)는 그 본질이 애착이나 탐심, 인색이 아니다. 많은 사람들에게 봉사를 하는 것이다. 사람들은 풍족한 우정과 사랑, 신체적·정신적 건강과 능력 발달, 안락한 생활환경 등을 통해서 행복을 느낀다.

그러므로 부자가 되려는 사람은 모름지기 많은 사람들이 원하는 바를 충족시켜 주고 또한 스스로 사람들에게 도움이 되는 일을 착수하여 인내와 성실로써 지켜가야 한다. 결국 돈이나 재산 등 외형을 구하지 말고 정신에 담겨진 훌륭한 능력과 덕성의 실현을 구하는 것이 순서일 것이다.

이 몸이 진리광명의 표현이다

이 몸은 원래로 생멸에서 뛰어나고 생멸에 자재하며 온갖 지혜, 온갖 덕성, 온갖 위력으로 자약하다. 하늘도 땅도 세계의 한마음 기멸하는 데서 출몰하고 온 국토, 온 세계를 한 폭의 화폭 삼아 마음대로 그려내는 주인인 것이다.

실로는 이것이 밖에서 얻어진 것이 아니고 닦아서 이룬 것도 아니며, 어떤 은혜로우신 성인의 자비하신 선물도 아니다. 원래로 진리의 몸이신 부처님의 뜨거운 심장의 고동을 자기 생명으로 사는 우리 모습인 것이다.

행복은 몽환이 아니다

행복은 몽환이 아니다. 체념이나 망각으로 얻어지는 것은 더더욱 아니다. 열반의 진실만큼 부처님의 간절하신 설법만큼 진실하고 현실적인 것이다. 우리 생명의 진실인 불성의 공덕을 긍정하고 신뢰하고 동시에 그것이 우리 생명의 현존적 실재라는 것을 믿고 생활로 열어 가는 데서 행복이 오는 것이다.

평화를 원한다면 그 마음에 평화를 간직하라

우리는 화목과 평화 번영을 희망한다. 그렇다고 '평화, 평화' 외치며 평화 투쟁으로 내딛는다고 해서 평화 번영은 오지 않는다. 평화를 원한다면 그 마음에 평화가 충만하여야 한다. 만약 평화 번영을 외치면서도 그 마음에 대립과 갈등이 깃들었다면 결국 투쟁과 분쟁만을 가져오고 만다. 그와 마찬가지로 마음에 건강과 풍요를 간직할 때 건강과 부가 실현되는 것이다.

친해지고 싶은 사람

밝은 마음, 밝은 표정을 가진 사람은 다른 사람의 마음을 움직이는 힘을 가졌다. 만나는 사람마다 호의를 가지며 도움을 청하면 응하고 싶어 한다. 그 사람과 친해지고 싶은 것이다. 사업에 성공하고, 바라는 취직이 이뤄지고, 좋은 배우자를 만날 수 있다. 밝은 표정은 맑고 따스한 마음을 온 천지에 흩뜨린다. 마음과 마음이 열리고 기쁨과 우정이 소리 없이 흐르게 하는 것이다.

매력 창조법

두터운 우정을 받고 싶거든 풍성한 우정을 먼저 주라. 사랑 받고 싶거든 먼저 사랑을 주라. 우정을 주는 자가 우정을 받고 사랑하는 자가 사랑을 받는다. 우정, 사랑, 이것이 인간에게 있어 다시없는 매력이다.

성공과 번영을 위해서라도 매력을 창조하라. 이 매력은 자석처럼 사람을 끌어당긴다. 그대가 만인을 사랑하고 위할 때 만인은 그대 편이 되어 그대를 도우리라. 그대가 어느 한 사람에게 우정을 쏟을 때 그 사람은 그대의 벗이 되고 진실한 협력자가 된다.

한마음 헌장

'한마음 헌장'은 광덕 스님께서 수행 중 깨달음을 노래한 게송입니다.

한마음 헌장

부처님은 말씀하신다.

모든 부처님은

오직 일대사 인연(一大事因緣)으로

세간에 나셨으니

그는 중생으로 하여금

불지견(佛知見)을 열어 청정을 얻게 하기 위함이라.

불지견을 보이고

불지견을 깨닫게 하고

불지견에 들게 함이니

일체 여래의

무량 무수한 교화방편도

중생으로 하여금 오직 이 불지견을 보여

불지견을 깨쳐서 불지견에 들게 할 뿐이니라.

또 말씀하신다.
과거 현재 미래 모든 부처님이
그 마음
청정하심 따라
불국토 이루신다.

…

또 말씀하신다.
일체 유위법(有爲法)은
꿈이며, 환(幻)이며, 물거품이며, 그림자며,
잠깐이기 이슬이고 번개이니
마땅히 이러히 여길지니라.

…

또 말씀하신다.
마땅히 청정한 마음을 낼지니
색(色)에 머물러 마음을 내지 말고
성 · 향 · 미 · 촉 · 법(聲香味觸法)에 머물러 마음을 내지 말고 마땅히 머문 바 없이 마음을 낼지니라.

…

또 말씀하신다.

무릇 있는 바 모든 현상,

그 모두는 실(實) 없는 것

만약 모든 상(相)에 상(相) 없으면

곧 여래를 보리라.

…

마음, 마음, 마음,

한마음

한마음은

마음이 아니다,

관념이 아니다,

생각이 아니다,

하나이거나 둘이거나 수가 아니다.

유도 아니며 무도 아니며

유무 초월의 유이거나 무도 아니다.

일체 초절(超絶)의 진무(眞無)도 아니다.

현재도 아니며 과거도 아니며 미래도 아니다.

시간이거나 공간이거나

시공의 범주에 잡히는 것이 아니다.

형상, 비유, 언설, 무엇으로도 말할 수 없고

생각으로 촌탁(忖度)할 수도 없다.

인식은 시간 공간의 인식범주에서 형성되는 것,

한마음은 시간 공간의 범주 밖의 것이므로

인식형식으로 잡을 수 없다.

직관과 사유는 염(念)의 논리적 전개의 형식.

한마음은 염(念)이 아니므로 염(念)의 단순

또는 복합적 반복으로나

논리 비논리의 전개로 어름대지 못하니

그는 사유나 직관으로 이를 수 없다.

나도 아니고 너도 아니고

저들도 아니고 모두도 아니다.

그는 물질이 아니다.

얻을 수도 없고 잃을 수도 없다.

무상(無常)도 아니다.

무아(無我)도 아니다.

고(苦)도 공(空)도 부정(不淨)도 아니다.

법칙도 아니다.

생도 아니고 멸도 아니다.

잡을 수도 없고 버릴 수도 없고

대할 수도 없고 떠날 수도 없다.

죽는 자가 아니다.

숨은 자가 아니다.

한마음은 한마음이다.

한마음일 뿐이다.

한마음만이 있다.

있는 것은 한마음이다.

영원과 자재와 광명과 창조와 무한과 환희,
대해(大海)의 파도처럼…
끝없이 너울치고 역동한다.

아침 해
바다를 솟아 오른 찬란,
억겁의 암흑이 찰나에 무너지고
광명 찬란,
광명 찬란,
광명만이 눈부시게 부서지는 광명만의 세계…
이것이 한마음이다.
모든 것이 완전하게
모든 것이 원만하게
모든 것이 조화있게
이미
이루어졌고 구족하다.
대성취가 자족하다.
대성취 원만구족,

이것이 한마음이다.

한마음이
스스로를 인정하는 대로
대성취 원만자족성은 인정하는 만큼 한정되고
한정은
한마음 무한성의 구상적(具象的) 표동(表動)을 촉발한다.
이것이 창조다.
이것이 성취다.

한마음의 자기율동은
대해의 파도처럼…
무한히 자기를 실현하고
표현하고
찰나의 쉼없이 창조는 펼쳐진다.
이래서
성취, 성취,
환희, 환희가,

한마음의 모습이다.
한마음의 표정이다.

오직 한마음만이 있다.
다른 자는 없다.
있는 것도 바로 그다.
없는 것도 바로 그다.
그는 모두의 모두
오직 그가 있을 뿐이다.
그가 뜻하는 것이 있는 것이다.
그가 뜻하는 것이 없는 것이다.
그가 가는 곳이 길이다.
그가 서는 곳이 우주의 중심이다.
밝음은 그에게서 비롯한다.
그가 마음 두는 곳에 완전은 개화하고
뜻하는 것은 이루어진다.

하늘이 덮지 못하고

땅이 싣지 못하고

하늘도, 땅도, 바다도,

그의 일동목(一動目) 따라 움직이니

일체 권위란 그에게 유인하고

무애용력은 그의 맥박이다.

무엇으로도 그를 막지 못한다.

아무도 그에 이길 자 없다.

아무도 그에 대할 자 없다.

그는

영원의 승자(勝者)

무한의 용자(勇者)

무상(無上)의 권위자,

그 앞에

사람 없다.

힘 없다.

권위 없다.

겁약, 좌절, 실의, 절망이라는 말은 없다.

자신(自信), 자신,

해일(海溢)처럼

폭포처럼

화산처럼

넘치고 부어대며 폭발하고 솟구치는

용력(勇力)과 자신(自信)

떨치는 위신

이것이 한마음이다.

그는 우주에 앞서 있고

시간에 앞서 있고

공간에 앞서 있고

유무에 앞서 있고

전일(全一)에 앞서 있고

신(神)과 불(佛)과 진리에 앞서 있다.

아무도 그에 선재(先在)하는 자 없다.

그는 겁전 겁후의 결정자.

그에게는

차별도 색채도 음향도 대립도 정예(淨穢)도

미추(美醜) 강약(强弱) 대소(大小) 고저(高低) 원근(遠近)도,

그 어떠한 장애도

그로되 그가 아니다.

일통(一通)이기 때문이다.

즉일(卽一)이기 때문이다.

한 몸의 표현이기 때문이다.

자신의 자성분별이기 때문이다.

다시

온 대지를 덮고

온 하늘을

다시 온 우주를 덮는

뜨거운 사랑

미물도 곤충도 사자도 코끼리도

어족(魚族)도 비금(飛禽)도

사람도

귀신도

그리고 유정 무정 유상 무상 일체 중생도

불 보살(佛菩薩) 성현까지도

당신의 체온으로 데피는 따스한 사랑.

키우고 돕고 이루고 어울리고

피고 지고 뛰고 노는

영광스런 모든 생명속성이

그의 훈훈한 사랑 혈맥의 피어남이라.

그의

뜨겁고 커다란,

훈훈한 사랑이

저 태양의 햇살같이

저 꽃의 향기같이

생명껏 펼쳐내고 뿜어내고

차별없이 하염없이 부어대는…

오직

줄 줄만 아는 끝없는 사랑이

주어도 주어도

끝이 없는

지칠 줄 모르는,

저 하늘과 태양

그 너머에서 온 사랑이

이것이

한마음의 체온이다.

생명

궁겁을 꿰뚫은 생명,

우주를 덮고

유무에 사무친 생명,

피고 무성하고 낙엽지고

몇 만 번을 반복하고

우주가 생성하고 머물고 허물어지고

다시 티끌조차 있고 없고

그는

유무에 생성에 변멸에 괴공(壞空)에 무관한

영원한 생명.

그는 활활자재 영겁불멸성을

이

무상변멸(無常變滅)과 생성과 괴공과 유무로 보이니

이것이 무량생명, 영원생명, 절대의 생명.

그에게는 멸(滅)이란 없다.

무한을 자재로 생명할 줄만을 안다.

그는 생명이기 때문이다.

생명에는 생명밖에 없는 것.

빛에는 어둠이 공존할 수 없는 것.

활(活)에는 활밖에 없는 것.

몇 만 번 천지가 번복되고

생명이라는 명상(名相)이 있고 없고

생명은 푸른 하늘처럼

출렁이는 바다의 끝없는 물결처럼

영원히 영원히 거기 살아 있다.

이것이 한마음의 수명이며 양상(樣相).

아무리 더럽혀도 때묻지 않고

아무리 찍어도 다칠 수 없고

아무리 때려도 상하지 않고

아무리 잡아도 죽음이 없는

영원의 불사신, 금강신, 부사의신(不思議身)이

바로 한마음의 육신이며 진신이다.

존재에 앞선 존재 이전자.

모두의 모두이기에

모두는 그에게서 연원하고

모두는 이미 거기 있고

그의 것이다.

풍요

자재

광명

생명

평화

무한창조···.

온 몸을

온 천지를 뒤흔드는 기쁨

터져 나오는 환희

자족한

모두와 함께 있는 행복

지혜

자비

무량 공덕장이

자재 조화력이

구원생명의 무진파동으로 너울친다.

축복의 물결,

행복의 대해(大海),

한마음은 그를 희롱한다.

그는 규정하는 자….

규정받는 자가 아니다.

그는 스스로 있다.

청정, 청정,

무량청정, 광명장으로 거기 있다.

햇빛 앞에

어둠이 어루대지 못하듯이

죄라는 어둠을 생각할 수 없다.

툭 터진 푸른 하늘

태양은 눈부시게 부서지고

밤 하늘 수 없는 찬란

신비와 희망이

반짝이고 소곤대고

끝없는 청정을 흘러내리듯

그에게는 청정광명만이

몸을 휘감았다.

때묻을 수 없다.

죄지을 수 없다.

더욱이 인과며 업보가 있을 수 없다.

지옥을 가고 아귀도를 가고 수라취를 날아도

거기에는

흰 연화 향기 나부끼고

우주의 호흡인 듯

대지의 진동, 천락(天樂)은 가득하다.

누가 있어

죄, 죄,

죄인, 죄인 하느냐,

한마음 나라에는 무구 청정광(無垢淸淨光)뿐인 것을!

여기에는

물질도

감각도

표상도

의지도

의식도 찾을 수 없고

일체 인식도

대상도

현상도 본래로 없다.

그러니 어찌

죄(罪)며

업(業)이며

보(報)며

고(苦)며

병(病)이며

가난이며

액난(厄難)이란 게 있을까.

그것은

아예 없는 것이다.

이름만이

헛되게 굴러다닐 뿐

실로는 이름조차 없는 것이다.

모든 물질이 그렇고

물질계가 그렇고

모든 현상과 현상계가 그렇다.

현상이라는

환막에 그려지는

그 어떤 두려움도 병고도 고난도

그것은 환일 뿐이다.

인식이라는 허구적 형상(形像)에 나타나는

불안도

실의도

허망도

공포도

갈망도

분노도

슬픔도…

그것은 모두

포말에 비친 찬란한 그림자.

실로는 이름조차 없는 것이다.

그러기에

이러한 허망한 환상이나

허구적 영상에

잡히고

눌리고 할 것도

또한

이에서 벗어나고 이기고 하는

힘도 지혜도

도무지 없는 것이다.

여기

마음도 생각도 있음도 없음도

눌림도 벗어남도

힘도 지혜도

자취조차 없는

여기

구름 한 점 없는 무한으로 터진 창공

올연(兀然) 청정 무애광이
탕연(蕩然) 자적하는
여기
구룡이 난무(亂舞)하고
백화(百花) 경미(競美)하고
만수(萬獸)가 합창한다.

이
한마음 나라
가지 않았고
오지 않았고
멀리 있지 않고
가까이 있지 않고
보는 데
잡는 데
부르는 데
뛰노는 데
처처에

영원(永遠) 향풍 젖었고
사람마다 면전 밝은 달 두렷하니
만인 옷소매에
청풍은 떨친다.

삼세 여래는 이곳에 머무시고
제불정국토는 이곳에서 벌어지니
일체 착한 이들 이곳에서 성불하며
일체 중생 모두가
이 나라 백성이니
대보살이며,
여래화신이며,
무상사(無上師)며
한 핏줄이다.

모두가
광명 자재
신통 묘용

만덕 자존(萬德自存)

지성(至聖)

지엄(至嚴)

지정(至淨)

지상(至祥)

지락(至樂)

지건(至健)

지강(至强)

지복(至福)

항사공덕(恒沙功德)은 본래로 지녔고

무량 덕상은 원래로 구족하다.

한마음, 한마음, 공덕 묘용 넘쳐나고

마하반야바라밀, 마하반야바라밀,

자재해탈 일체성취 환연히 이룩된다.

마하반야바라밀, 마하반야바라밀.

나무 마하반야바라밀,

엮은이의 말

하루하루가 나날이 새로운 모습으로 급변하고 있습니다. 우리는 어쩌면 가장 힘겨운 시대를 살고 있는지도 모릅니다. 물질은 풍요로워졌을 지 몰라도 심신은 나약해지고, 인정은 메말라 가며, 범죄나 자살은 급증하고 있습니다.

그러나 '내 생명 부처님 무량공덕 생명' 인 우리의 참된 본성은 바뀔 수 없습니다.

"태양은 항상 그 자리에 있다. 그런데 자기 자신이 마음의 구름에 가려서 태양이 보이지 않는다. 본래 우리는 태어나면서부터 적극적이고 긍정적인데 구름의 장벽에 가려서 소극적이고 부정적인 생각을 갖고 있다. 마음의 구름을 헤치면 거기에는 항상 태양이 떠 있는 것이다."

은사이신 광덕 스님께서는 생명은 반드시 밝은 데서 성장하고, 우리는 스스로 빛나는 빛의 생명체임을 누누이 강조하셨습니다. 우리는 죄의 뭉치이거나 업보의 결실이 아니라, 무한한 창조력을 지닌 불성의 구현자라는 사실을 깨닫게 해주셨습니다.

"우리가 일상으로 쓰는 말은 단순한 성대의 진동이나 음파의 파장이 아니다. 말은 놀라운 힘을 가지고 있다. 말에는 생명의 의지가 강한 힘으로 함축되어 있다. 말은 우리의 마음 속에 살아서 활동하며, 우리의 생명을 조절하고 있는 깊은 마음의 울려 남인 것이다"라고 하셨습니다.

불광회를 창립하신 지 30년! 스님이 열반하신 지도 어언 6년째를 흐르고 있습니다. 그러나 스님께서 남기신 그 말씀들은 끊임없이 생명의 언어로 메아리쳐 오고, 오늘도 빛이 되어 우리의 가슴속에 물결쳐 흐릅니다.

생명은 밝은 데서 성장한다. 이 책은 여러분의 요청이 있어 스님의 수많은 저서들 가운데 요긴한 말씀들을 간추려 한 권으로 엮었습니다. 짧은 소견으로 스님의 말씀들을 간추려 놓다보니 아쉬움이 없지 않으나 일상 중에 수지하며 되새겨보기에 좋을 것입니다.

이 책은 우리의 일상을 빛의 세계로 나아가게 하는 힘을 담고 있습니다. 책 갈피마다 끼워진 생명의 언어로 우리의 일상을 생동감 넘치는 삶으로 가꾸어 보시기 바랍니다.

　짧은 문구로 되어 있어 단숨에 읽어내려갈 수도 있지만 되도록이면 천천히 명상을 하듯이 시간을 두고 읽어주기를 부탁드립니다. 스님의 핵심사상이 함축적으로 담겨있는 정제된 언어 하나하나에서 깊은 울림을 느껴보실 수 있을 것입니다. 한 번 읽고 덮을 것이 아니라 두고두고 읽는다면 읽을 때마다 더욱 밝아지고 빛이 되는 자신을 발견하게 될 것입니다.

　나날이 좋은 날들입니다. 무르익어가는 가을과 함께 여러분의 변화와 성장, 행복한 결실을 기원드립니다.

2004년 10월
지홍 합장

차례 찾아보기

생명은 밝은 데서 성장한다

초판 발행 2004년 10월 9일
초판 2쇄 2004년 11월 9일

지은이 광덕
엮은이 지흥
펴낸이 박상근(至弘)

펴 낸곳 불광출판사
서울시 송파구 석촌동 160-1

등록번호 제1-183호(1979. 10. 10.)

대표전화 420-3200
편 집 부 420-3300
전   송 420-3400

ISBN 89-7479-709-7
www.bulkwang.org
E-mail:webmaster@bulkwang.org

값 8,000원